MATTHIAS F. MANGOLD

SUPPEN & EINTÖPFE

FOTOGRAFIE: MATHIAS NEUBAUER, AUEN60 PHOTOGRAPHY

INHALT

Öffnen Sie die Klappen dieses Buches.
Dort finden Sie die wichtigsten Infos zum Thema auf einen Blick!

DAS PRINZIP:
SUPPE

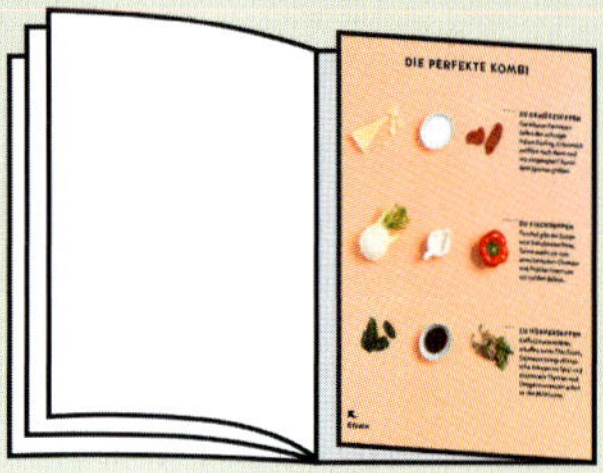

DIE PERFEKTE
KOMBI

Immer griffbereit:

SO GEHT'S:
GEMÜSEBRÜHE
KOCHEN

Immer griffbereit:

SO GEHT'S:
FLEISCHBRÜHE
KOCHEN

GU
CLOU

Wussten Sie schon, dass ...?
Entdecken Sie bei einigen ausgewählten Rezepten ganz besondere Tipps mit verblüffendem Insiderwissen. Aha-Momente garantiert!

Mit diesem Symbol sind alle vegetarischen Gerichte gekennzeichnet.

Die Backzeiten können je nach Herd variieren. Unsere Temperaturangaben beziehen sich auf das Backen im Elektroherd mit Ober- und Unterhitze.

Sammeln Ihrer Lieblingsrezepte mit der »GU Kochen Plus«-App (siehe S. 64)

REZEPTKAPITEL

MATTHIAS F. MANGOLD

Der Foodjournalist, Kochbuchautor und TV-Juror (»Stadt, Land, Lecker«) betreibt in der Pfalz eine Kochschule. Bei seinen Seminaren geht es kreuz und quer durch Länder und Genusswelten. Da war natürlich schon lange die Erkenntnis vorhanden: Suppe gibt es überall, Suppe geht immer.

Waren Suppen und Eintöpfe schon immer ein Thema für Dich?

Aber sowas von! Ich wuchs bei meinen Großeltern in einem fränkischen Dorf auf, mein Opa leitete einen Gemüsegroßmarkt, also aßen wir stets mit der Saison. Eine Mahlzeit ohne Suppe war für ihn kein Essen. Ganz oft gab es übrigens »gebrannte Suppe« – hierbei ließ man einfach in eine Gemüsebrühe ein verquirltes Ei einlaufen, das dann gerann und die Suppe etwas krisselig machte. Das schmeckt aber sehr lecker!

Wie bist Du an das Thema herangegangen?

Ich habe mir überlegt, womit man möglichst viele Leute glücklich machen kann. Also musste von allem etwas dabei sein: Gemüse, Fleisch, Fisch und natürlich auch richtig traditionelle Gerichte, ohne das Internationale und Moderne aus den Augen zu verlieren. Durch die Beschränkung auf je zehn Zutaten sind das mitunter echte Basics geworden, auf denen man jedoch prima aufbauen kann. So habe ich allerlei Tipps zur Verfeinerung und Ergänzung mitgeliefert.

Eher Suppe oder eher Eintopf für Dich?

Hat beides seinen Reiz. Ich liebe das Luftig-Ätherische an einer Thaisuppe, mag aber auch den wohlig-wärmenden Charakter eines Chili con Carne oder eines eher dicken Linsentopfs. Und im Sommer gibt es kaum etwas Erfrischenderes zum Essen als eine gemüsereiche Kaltschale. Ein absolutes Highlight! Doch egal, ob traditionell oder eher extravagant – mit einer guten Suppe rennt man bei mir immer offene Türen ein.

BLITZSCHNELL: ERBSEN-MINZE-SUPPE

1 Zwiebel schälen, würfeln und die Würfel in 1 EL Öl dünsten.

600 g TK-Erbsen zufügen …

… und 1 l Gemüse- oder Hühnerbrühe angießen. Suppe aufkochen und 10 Min. köcheln lassen,

dann pürieren und 4 EL Crème fraîche untermixen.

Suppe mit Salz und Pfeffer abschmecken und mit ½ Bund gehackter Minze bestreuen.

GEMÜSESUPPEN

Für 4 Personen • 40 Min. Zubereitung • Pro Portion ca. 190 kcal, 5 g E, 15 g F, 4 g KH

KRÄUTERSUPPE MIT SAFRAN

FRÜHLINGS-REZEPT

1 l Gemüsebrühe (ersatzweise Geflügelbrühe)
4 Frühlingszwiebeln
300 g Wildkräutersalat
2 Knoblauchzehen
1 EL Butter
100 ml Milch
100 g Sahne
Salz, Pfeffer
frisch geriebene Muskatnuss
2 Eigelb
12 Safranfäden

GUT ZU WISSEN
Im Frühjahr kann man die Wildkräuter auch selbst sammeln, etwa Brunnenkresse, Löwenzahnblätter, Sauerampfer oder Brennnesselblätter. Letztere in ein Tuch einschlagen und mit dem Nudelholz walzen, das nimmt ihnen die brennende Wirkung. Härtere Stängel werden aussortiert.

1 Gemüsebrühe in einem kleinen Topf erhitzen. Frühlingszwiebeln putzen, waschen. Das Weiße sowie das helle Grün in feine Ringe schneiden. Die Wildkräuter waschen, trocken schütteln und klein schneiden. Eine kleine Handvoll für die Garnierung beiseitelegen. Knoblauch schälen und fein hacken.

2 In einem Topf die Butter zerlassen. Die Frühlingszwiebeln darin bei mittlerer Hitze in 4 Min. andünsten, dann den Knoblauch für 1 Min. mit dazugeben. Kräuter hinzufügen und kurz mit garen. Mit heißer Brühe auffüllen und alles aufkochen.

3 Die Herdplatte zurückschalten. Milch und Sahne unterrühren, die Suppe mit Salz, Pfeffer und Muskat abschmecken und bei geringer Wärmezufuhr ziehen lassen.

4 Etwas Brühe herausnehmen und in einer Schüssel mit den Eigelben verquirlen. Eier-Mix in die Suppe einrühren und diese bei mäßiger Hitze weitere 5 Min. ziehen lassen.

5 In der Zwischenzeit Suppenteller im Ofen anwärmen. Die Kräutersuppe darin mit den Safranfäden und beiseitegelegten Wildkräutern anrichten und sofort genießen. Besonders schön sieht die Suppe auch mit essbaren Blüten dekoriert aus, wie beispielsweise mit Malve, Senfblüte oder Taubnessel.

Für 4 Personen • 40 Min. Zubereitung • Pro Portion ca. 355 kcal, 10 g E, 10 g F, 45 g KH

FRANZÖSISCHE ZWIEBELSUPPE

FÜR KALTE TAGE

500 g Zwiebeln
2 EL Öl
2 EL Mehl
800 ml Hühnerbrühe
200 ml trockener Weißwein
½ TL Kümmel
1 Lorberblatt
Salz, Pfeffer
8 Scheiben Baguette
50 g Gruyère (ersatzweise Comté)
3 Stängel Petersilie

1 Zwiebeln schälen, halbieren und in dünne Scheiben schneiden. In einem Topf das Öl erhitzen und die Zwiebeln darin bei mittlerer Hitze in 10 Min. gut andünsten. Mehl hinzufügen und kurz anschwitzen, bis die Zwiebeln etwas trockener geworden sind. Brühe und Wein angießen, Gewürze dazugeben. Mit Salz und Pfeffer abschmecken.

2 Die Suppe zugedeckt zum Sieden bringen und dann bei reduzierter Hitze etwa 20 Min. köcheln lassen. Backofen auf höchste Stufe vorheizen, alternativ den Grill einschalten. Baguette grob zerrupfen, Käse reiben. Petersilie waschen, trocken schütteln. Die Blättchen von den Stängeln zupfen, klein schneiden und mit dem Käse mischen.

3 Die Suppe in hitzebeständige Schalen füllen, das Brot darauf verteilen und mit der Petersilie-Käsemischung bestreuen. Auf der mittleren Schiene des Ofens in 3-4 Min. überbacken.

Für 4 Personen • 40 Min. Zubereitung • Pro Portion ca. 220 kcal, 4 g E, 16 g F, 13 g KH

MÖHRENSUPPE MIT ZITRONENGRAS

CREMIG

600 ml Hühnerbrühe
1 mittelgroße Zwiebel
2 Knoblauchzehen
1 Stängel Zitronengras
1 kg Möhren
30 g Butter
200 g Kokosmilch (ersatzweise Sahne)
1 TL mildes Currypulver
1 TL gemahlene Kurkuma
Salz, Pfeffer
1 EL Essig

1 Brühe in einem Topf erhitzen. Zwiebel und Knoblauch schälen, fein hacken. Vom Zitronengras trockene Anteile und Strunkansatz entfernen. Den Stängel in Ringe schneiden und diese fein hacken. Möhren putzen, schälen und in feine Scheiben schneiden.

2 Die Butter in einem Topf zerlassen. Zwiebel darin bei geringer Hitze in 4–5 Min andünsten, dann den Knoblauch mit dazugeben. Nach höchstens 1 Min. die Möhren hinzufügen und 2–3 Min. schmoren. Mit heißer Hühnerbrühe auffüllen und alles aufkochen, dann die Möhren zugedeckt bei geringer Wärmezufuhr in ca. 25 Min. weich garen. Nach der Hälfte der Zeit das Zitronengras zugeben.

3 Am Ende der Garzeit die Suppe mit dem Pürierstab cremig-fein pürieren. Die Kokosmilch unterrühren und die Gewürze zugeben. Mit Salz und Pfeffer abschmecken. Kurz vor dem Servieren den Essig zugeben und damit Frische und Säure in die Suppe bringen.

Für 4 Personen • 30 Min. Zubereitung • Pro Portion ca. 490 kcal, 28 g E, 17 g F, 57 g KH

MISO-RAMEN-SUPPE

AUS JAPAN

2 Eier
3 dünne Frühlingszwiebeln
3 Knoblauchzehen
250 g Tofu (nach Belieben Räuchertofu)
2 Nori-Blätter
1,5 l Hühnerbrühe
Salz
2 EL Öl
8 EL Misopaste
250 g Ramen-Nudeln
120 g Mungbohnensprossen

1 Eier in kochendem Wasser in 8–10 Min. hart kochen, dann kalt abschrecken, pellen und der Länge nach halbieren. Frühlingszwiebeln putzen, waschen. Das Weiße sowie das helle Grün in feine Ringe schneiden. Knoblauch schälen, fein hacken. Tofu in Würfel, Nori-Blätter in Streifen schneiden.

2 Die Hühnerbrühe in einem Topf aufkochen, dann die Hitze etwas reduzieren. Mit Salz abschmecken. In einem kleineren Topf das Öl erhitzen. Den Knoblauch darin bei mittlerer Hitze in 1 Min. anbräunen. Die Misopaste hinzufügen, mit dem Knoblauch verrühren und beides kurz zusammen anrösten, dann mit einer Kelle Hühnerbrühe ablöschen. Bei mittlerer Hitze in 15 Min. leicht einkochen lassen.

3 Nudeln nach Packungsanweisung in Salzwasser garen. In einem Sieb abtropfen lassen und dann in 4 Suppenschalen geben. Die Miso-Brühe auf die Schalen verteilen, zuletzt die Hühnerbrühe angießen. Jeweils kurz durchrühren, damit sich beide Flüssigkeiten gut verbinden. Die Suppe mit Tofu, Nori-Blättern, Frühlingszwiebeln und Sprossen garnieren.

GU CLOU

Das Anrösten des Knoblauchs lässt ihn seine volle Umami-Power entfalten. Das kann mit geräuchertem Knoblauch noch gesteigert werden, in diesem Fall aber die Dosierung gut abstimmen!

Für 4 Personen • 40 Min. Zubereitung • Pro Portion ca. 160 kcal, 4 g E, 12 g F, 5 g KH

BLUMENKOHLSUPPE

ORIENTALISCH

1 mittelgroßer Blumenkohl
1 kleine rote Paprika
1 l Gemüsebrühe
½ TL Zimtpulver
½ TL gemahlener Koriander
½ TL gemahlener Kreuzkümmel
½ TL Chinagewürz
1 Limette
150 g Sahne
½ TL gemahlene Kurkuma
Salz, Pfeffer

1 Blumenkohl waschen, putzen und die Röschen vom Strunk schneiden. Strunk schälen und in kleine Stücke schneiden. Paprika waschen, halbieren, Stielansatz, weiße Trennwände und Kerne entfernen. Paprikahälften fein würfeln und beiseitestellen.

2 Die Gemüsebrühe in einem Topf aufkochen und den Blumenkohl dazugeben. Zimt, Koriander, Kreuzkümmel und Chinagewürz hinzufügen, den Blumenkohl zugedeckt bei mittlerer Hitze in ca. 20 Min. weich garen. Die Suppe mit dem Pürierstab cremig-fein pürieren. Bei Bedarf mit etwas heißer Gemüsebrühe verdünnen.

3 Limette halbieren, den Saft auspressen. Die Sahne halb steif schlagen und mit Kurkuma unter die Suppe mixen. Mit Salz, Pfeffer und Limettensaft abschmecken, nach Belieben auch mit den übrigen Gewürzen. Vor dem Servieren die fein gewürfelten Paprika unterheben und die Suppe nochmals kurz durchziehen lassen.

Für 4 Personen • 20 Min. Zubereitung • Pro Portion ca. 90 kcal, 4 g E, 5 g F, 5 g KH

JOGHURT-KRÄUTER-CREME

SCHNELL

2 Schalotten
½ Bund Petersilie
½ Bund Kerbel
½ Bund Dill
½ Bund Schnittlauch
1 EL Butter
1 l Hühnerbrühe (ersatzweise Gemüsebrühe)
150 g Joghurt (mind. 4 % Fettgehalt)
Salz, Pfeffer
½ Beet Kresse

1 Schalotten schälen, fein hacken. Die Kräuter waschen, trocken schütteln. Die Blättchen bzw. Dillspitzen von den Stängeln zupfen, klein schneiden. Schnittlauch waschen, in feine Röllchen schneiden.

2 In einem Topf die Butter zerlassen. Schalotten darin bei mittlerer Hitze in 2 Min. glasig dünsten. Brühe angießen und zum Kochen bringen. Die Kräuter zugeben und 2–3 Min. bei mittlerer Hitze mit garen, dann den Topf vom Herd ziehen. Die Suppe cremig-fein pürieren und nach Belieben durch ein feines Sieb streichen.

3 Joghurt durchrühren und unter die Suppe mischen. Mit Salz und Pfeffer abschmecken. Die Kresse mit einer Schere vom Beet in ein feines Sieb schneiden, kurz abbrausen und trocken schütteln. Die Suppe auf Teller oder Schalen verteilen und mit Kresse bestreuen.

Für 4 Personen • 10 Min. Zubereitung • 20 Min. Garen • Pro Portion ca. 180 kcal, 3 g E, 14 g F, 8 g KH

TOMATEN-GIN-SUPPE

MIT ALKOHOL

1 kg Tomaten
1 mittelgroße Zwiebel
2 Knoblauchzehen
2 EL Olivenöl
500 ml Gemüsebrühe
2 EL Tomatenmark
1 EL Gin
Salz, Pfeffer
8 Basilikumblätter
1 kleine Bio-Orange (Schale)
4 TL Crème fraîche

1 Tomaten waschen, halbieren, vom Stielansatz befreien und in grobe Stücke schneiden. Zwiebel und Knoblauch schälen, fein würfeln.

2 Das Öl in einem Topf erhitzen. Zwiebel und Knoblauch darin bei mittlerer Hitze andünsten. Die Tomatenstücke zugeben und kurz mit garen. Brühe angießen und alles zugedeckt bei geringer Hitze 20 Min. köcheln lassen. Danach den Topf vom Herd ziehen, die Suppe mit einem Pürierstab cremig-fein pürieren und dabei das Tomatenmark untermixen. Mit Gin, Salz und Pfeffer abschmecken.

3 Basilikumblätter waschen, trocken schütteln und in feine Streifen schneiden. Orange heiß waschen, abtrocknen. Die Schale mit einem Zestenreißer ablösen und fein hacken. Die Suppe in Teller oder Schalen verteilen, Basilikum und Orangenzesten einstreuen und mit je einem Klecks Crème fraîche obenauf abschließen.

Für 4 Personen • 35 Min. Zubereitung • Pro Portion ca. 265 kcal, 6 g E, 21 g F, 8 g KH

SPARGELSUPPE GRÜN-WEISS

FRÜHLINGS-REZEPT

1 kg weißer Spargel
300 g grüner Spargel
1 mittelgroße Zwiebel
2 EL Butter
1 l Gemüsebrühe
150 g Sahne
2 EL Frischkäse
2 EL Weißwein
Salz, Pfeffer
1 EL trockener Vermouth (nach Belieben)
½ Bund Schnittlauch

1 Beide Spargelsorten waschen, schälen und die unteren trockenen Enden abschneiden. Die Stangen schräg in ca. 3 cm lange Stücke schneiden. Die Zwiebel schälen und fein würfeln.

2 In einem Topf 1 EL Butter zerlassen. Die Zwiebelwürfel darin bei mittlerer Hitze in 3 Min. andünsten. Den weißen Spargel für ca. 2 Min. dazugeben. Brühe angießen, aufkochen und den Spargel zugedeckt bei mittlerer Hitze in 12–15 Min. weich garen. Sahne und Frischkäse einrühren und alles mit Weißwein, Salz, Pfeffer und Vermouth abschmecken. Mit dem Pürierstab cremig-fein pürieren.

3 Schnittlauch waschen, in feine Röllchen schneiden. In einer Pfanne restliche Butter (1 EL) erhitzen. Den grünen Spargel darin bei mittlerer Hitze ca. 4 Min. anbraten. Die Suppe in Schälchen füllen, Spargel als Einlage hinzufügen. Mit Schnittlauch bestreut servieren.

KÄSESUPPE MIT KRÄUTERCROUTONS

DEFTIG

Für 4 Personen • 30 Min. Zubereitung • Pro Portion ca. 340 kcal, 12 g E, 25 g F, 8 g KH

1 Scheibe Schwarzbrot mit Kümmel
8 Zweige Thymian
4 EL Öl
4 Frühlingszwiebeln
200 g Champignons
4 getrocknete Tomaten (in Öl)
150 ml Weißwein
800 ml Gemüsebrühe (ersatzweise Hühnerbrühe)
Pfeffer
100 g Parmesan
100 g Sahne

1 Das Brot mit Rinde in Würfel von etwa 1 cm Kantenlänge schneiden (Foto 1). Thymian abbrausen, trocken schütteln. Die Blättchen von den Zweigen streifen und fein schneiden.

2 In einer Pfanne 2 EL Öl erhitzen. Die Brotwürfel darin bei mittlerer Hitze 2 Min. anbraten (Foto 2). Anschließend den Thymian hinzufügen, gut mit den Brotwürfeln vermischen und 2 Min. mit braten. Sobald die Kräutercroutons schön knusprig sind, diese in einen Teller umfüllen und beiseitestellen.

3 Frühlingszwiebeln putzen, waschen. Das Weiße sowie das helle Grün in feine Ringe schneiden. Die Champignons putzen, bei Bedarf mit einem Tuch abreiben und in dünne Scheiben schneiden. Getrocknete Tomaten fein würfeln (Foto 3).

4 In einem Topf 1 EL Öl erhitzen. Frühlingszwiebeln darin bei mittlerer Hitze in 4 Min. andünsten. Mit Wein auffüllen (Foto 4) und etwas einkochen lassen. Dann die Brühe angießen. Alles zugedeckt einige Minuten bei mittlerer Hitze köcheln lassen. Inzwischen übriges Öl (1 EL) in der Pfanne erhitzen und darin die Pilze und Tomaten anbraten. Mit Pfeffer würzen.

5 Den Parmesan reiben und unter Rühren zur Suppe geben (Foto 5). Die Sahne flüssig oder halb steif geschlagen ebenfalls einrühren. Die Suppe in tiefe Teller füllen und mit den Croutons sowie den Pilzen und Tomaten anrichten (Foto 6).

GU
CLOU

Geschmacklich eins draufsetzen kann man, wenn die Brotsorte für die Croutons mit Kümmel gewürzt ist! Das bringt nicht nur fantastische Würze, sondern hat auch den angenehmen Nebeneffekt, die üppige Suppe etwas leichter verdaulich zu machen.

Für 4 Personen • 45 Min. Zubereitung • Pro Portion ca. 200 kcal, 3 g E, 10 g F, 21 g KH

ROTE-BETE-SUPPE MIT MEERRETTICH

FRUCHTIG MIT BISS

1 Bio-Zitrone
1 Stück Ingwer (ca. 2 cm lang)
600 g Rote Bete
2 EL Olivenöl
800 ml Gemüsebrühe
1 Mango
2 Kumquats (nach Belieben)
Salz, Pfeffer
1 cm Meerrettichwurzel
2 EL Crème fraîche

1 Zitrone heiß waschen, abtrocknen. Die Schale mit einem Zestenreißer fein ablösen. Zitrone halbieren, Saft auspressen. Ingwer schälen und in nicht zu feine Würfel schneiden. Rote Bete schälen (Einweghandschuhe!), in kleine Stücke schneiden.

2 Das Öl in einem Topf erhitzen. Ein Drittel des Ingwers darin ganz kurz andünsten. Rote Bete hinzufügen, mit Gemüsebrühe auffüllen, den restlichen Ingwer zugeben und alles zum Kochen bringen. Dann die Suppe zugedeckt etwa 30 Min. bei kleiner Hitze köcheln lassen, bis das Gemüse weich ist.

3 Mango schälen, das Fruchtfleisch vom Stein lösen und in grobe Stücke schneiden. Ein Viertel davon mit der Hälfte des Zitronensafts in einen Messbecher geben und mit dem Pürierstab fein pürieren. Kumquats heiß waschen, abtrocknen, halbieren und entkernen. Mitsamt der Schale sehr fein hacken.

4 Den Topf vom Herd nehmen und den Inhalt zusammen mit der restlichen Mango fein pürieren. Mit Zitronensaft, -zesten, ½ TL Salz und Pfeffer abschmecken. Meerrettich schälen und mit einer feinen Reibe in die Suppe raspeln.

5 Das Mango-Püree mit der Crème fraîche vermischen. Die Suppe in Teller füllen und einen Löffel Mango-Püree in der Mitte platzieren. Daraus dekorativ mit einem kleinen Löffel Sternenstrahlen zum Tellerrand hin ziehen. Mit geriebenem Meerrettich und gehackten Kumquats bestreuen.

Für 4 Personen • 45 Min. Zubereitung • Pro Portion ca. 145 kcal, 4 g E, 6 g F, 16 g KH

VEGETARISCHE MINESTRONE

VEGAN

1 große Zwiebel
3 festkochende Kartoffeln
1 rote Paprika
200 g Sellerie
2 mittelgroße Möhren
1 Stange Lauch
2 EL Olivenöl
1 EL Tomatenmark
Salz, Pfeffer
1,3 l Gemüsebrühe
2 Zweige Majoran (ersatzweise 1 TL getrockneter Majoran)

1 Die Zwiebel schälen und nicht zu fein würfeln. Die Kartoffeln schälen und in ca. 2 cm große Würfel schneiden. Paprika waschen, halbieren, Stielansatz, weiße Trennwände und Kerne entfernen. Paprikahälften in Stücke schneiden. Den Sellerie schälen, in Scheiben schneiden und würfeln. Die Möhren putzen, unter kaltem Wasser abbürsten und in 1 cm dicke Scheiben schneiden. Den Lauch der Länge nach aufschneiden, waschen, putzen und in Ringe schneiden.

2 In einem Topf das Öl erhitzen. Darin die Zwiebel bei geringer Hitze in 3 Min. langsam andünsten. Das Tomatenmark hinzugeben und kurz rösten. Das vorbereitete Gemüse in den Topf geben und gut vermischen. Mit Salz und Pfeffer würzen. Nach 2 Min. die Gemüsebrühe angießen und alles aufkochen. Dann die Temperatur reduzieren und die Suppe zugedeckt bei mittlerer Hitze für ca. 20 Min. leise ziehen lassen.

3 Majoran abbrausen, trocken schütteln. Die Blättchen von den Zweigen zupfen und fein schneiden. Die Suppe mit Salz und Pfeffer abschmecken, den Majoran unterrühren.

Für 4 Personen • 45 Min. Zubereitung • Pro Portion ca. 740 kcal, 7 g E, 73 g F, 11 g KH

CREMESUPPE MIT FRITTIERTEN SELLERIESTICKS

RAFFINIERT

1 kleiner Sellerie (ca. 600 g)
150 g Pastinaken
150 g Petersilienwurzeln
1 mittelgroße Zwiebel
1 Stängel Zitronengras
1 EL Butter
1 l heiße Gemüsebrühe
200 ml Sonnenblumenöl zum Frittieren
400 g Kokosmilch (ersatzweise 250 ml Milch)
Salz, Pfeffer
2 EL Essig

1 Sellerie, Pastinaken und Petersilienwurzeln schälen. Vom Sellerie ein Stück von ca. 100 g abschneiden und beiseitelegen. Den Rest zunächst in Scheiben, dann in Streifen und schließlich in kleine Würfel schneiden. Pastinaken und Petersilienwurzeln ebenfalls fein würfeln. Zwiebel schälen, würfeln. Vom Zitronengras die trockenen Anteile und den Strunkansatz entfernen. Den Stängel in Ringe schneiden und diese fein hacken.

2 In einem Topf die Butter zerlassen. Die Zwiebel darin bei mittlerer Hitze in 3 Min. andünsten. Das übrige Gemüse dazugeben und kurz mit garen. Gemüsebrühe angießen und alles bei geschlossenem Deckel aufkochen. Dann die Hitze reduzieren und das Gemüse in ca. 20 Min. weich garen. Für die letzten 5 Min. das Zitronengras unterrühren.

3 Inzwischen das übrige Stück Sellerie in sehr dünne Scheiben und dann in feine Streifen schneiden. In einem kleinen Topf das Öl sehr stark erhitzen. Selleriestreifen darin bei großer Hitze in etwa 5 Min. braun ausfrittieren. Mit einem Schaumlöffel aus dem Öl holen, auf Küchenpapier abtropfen lassen.

4 Am Ende der Garzeit die Kokosmilch oder Milch zur Suppe geben und diese mit einem Pürierstab cremig fein pürieren. Mit Salz, Pfeffer und Essig abschmecken. Die Cremesuppe auf 4 Teller verteilen und mit Selleriesticks garnieren.

GU **CLOU**

Ausfrittierte Gemüsestreifen sind ein toller Eyecatcher und sorgen für den richtigen Biss. Dazu die Sticks unbedingt ganz frisch aus dem Öl fischen, kurz entfetten und noch warm auf der Suppe servieren.

SUPPEN MIT HUHN, FISCH ODER FLEISCH

KLASSISCHE HÜHNERSUPPE

SCHMECKT IMMER

Für 4 Personen • 30 Min. Zubereitung • 50 Min. Garen • Pro Portion ca. 520 kcal, 63 g E, 16 g F, 28 g KH

1 Suppenhuhn (ca. 1,5 kg)
Salz
400 g Suppengrün (Möhre, Lauch, Sellerie, Petersilienwurzel, Petersilie)
1 mittelgroße Zwiebel
2 Zweige Estragon
6 Zweige Thymian
1 Pck. gemischtes TK-Gemüse (330 g)
100 g Suppennudeln (z. B. Buchstabennudeln)
frisch geriebene Muskatnuss

1 Das Huhn mit Küchenpapier gründlich abtupfen. Danach in einen großen Topf geben, mit kaltem Wasser bedecken (Bild 1) und zum Kochen bringen. Aufsteigenden Schaum mit dem Schaumlöffel abheben. Etwa 2 TL Salz hinzufügen.

2 Möhre, Petersilienwurzel und Sellerie putzen, gründlich waschen, bei Bedarf schälen. Alles in grobe Stücke schneiden (Bild 2). Den Lauch längs halbieren, unter fließendem Wasser gründlich waschen und in Halbringe schneiden. Petersilie beiseitelegen. Zwiebel schälen und würfeln. Nach ca. 30 Min. Garzeit das Gemüse zum Huhn in den Topf geben und alles weitere 50 Min. bei geringer Hitze zugedeckt garen.

3 Das Huhn am Ende der Garzeit aus der Brühe nehmen und etwas abkühlen lassen (Bild 3). Dann die Haut abziehen, das Fleisch von den Knochen lösen, würfeln und beiseitestellen. Das gekochte Gemüse mit einem Schaumlöffel aus der Suppe nehmen, in eine Schüssel geben und gleichfalls beiseitestellen.

4 Estragon, Thymian und Petersilie abbrausen, trocken schütteln (Bild 4). Die Blättchen von den Zweigen bzw. Stängeln zupfen und klein schneiden. Von der Petersilie die Hälfte für die Garnierung zurückbehalten, alle übrigen Kräuter zusammen mit dem TK-Gemüse zur Suppe geben. Mit Salz und Muskat abschmecken und bei mittlerer Hitze garen.

5 Nach 5 Min. Garzeit das gewürfelte Hühnerfleisch und die Nudeln in den Topf geben (Bild 5) und die Nudeln zugedeckt bei mäßiger Hitze in ca. 7 Min. bissfest garen. Die Hühnersuppe in vier Tellern anrichten und mit Petersilie bestreut servieren (Bild 6).

Für 4 Personen • 30 Min. Zubereitung • Pro Portion ca. 220 kcal, 17 g E, 9 g F, 16 g KH

PETERSILIENSUPPE MIT FORELLE

DEFTIG

1 l Gemüsebrühe
250 g vorwiegend festkochende Kartoffeln
450 g Petersilienwurzeln
1 Bund glatte Petersilie
100 g Frischkäse
Salz, Pfeffer
frisch geriebene Muskatnuss
1 Msp. Currypulver
200 g geräuchertes Forellenfilet

1 Die Gemüsebrühe in einem großen Topf erhitzen. Kartoffeln und Petersilienwurzeln schälen, klein würfeln und in der heißen Brühe bei mittlerer Hitze in ca. 15 Min. zugedeckt weich garen.

2 In der Zwischenzeit die Petersilie waschen, trocken schütteln. Die Blätter von den Stängeln zupfen und beides grob hacken. Etwa 1 EL für die Garnierung beiseitestellen. Den Rest am Ende der Garzeit zur Suppe geben und alles mit dem Pürierstab fein pürieren.

3 Zuletzt den Frischkäse in die Suppe rühren und diese mit Salz, Pfeffer, Muskatnuss und Curry abschmecken. Die Forellenfilets in mundgerechte Stücke schneiden. Die Suppe in Schalen füllen, Forellenfilets als Einlage dazugeben und mit Petersilie bestreut servieren.

Für 4 Personen • 25 Min. Zubereitung • Pro Portion ca. 290 kcal, 24 g E, 2 g F, 42 g KH

CHINESISCHE HÜHNERSUPPE

CHINA-KLASSIKER

300 g Hähnchenbrustfilet
4 Frühlingszwiebeln
1 mittelgroße Möhre
2 Knoblauchzehen
1 Stück Ingwer (ca. 2 cm lang)
1,2 l Hühnerbrühe
200 g Mie-Nudeln
2 EL helle Sojasauce
Salz, Pfeffer
½ Bund Koriandergrün

1 Das Fleisch mundgerecht in Würfel schneiden. Frühlingszwiebeln putzen, waschen. Das Weiße sowie das helle Grün in feine Ringe schneiden. Möhre putzen, schälen und in dünne Scheiben schneiden. Knoblauch und Ingwer schälen, fein hacken.

2 Die Hühnerbrühe in einem Topf erhitzen. Hähnchenbrust, das vorbereitete Gemüse und die Nudeln hinzugeben. Die Brühe mit Sojasauce, Salz und Pfeffer abschmecken. Dann alles für ca. 10 Min. bei milder Hitze köcheln, bis das Fleisch und die Nudeln gar sind.

3 Das Koriandergrün abbrausen, trocken schütteln und mitsamt den zarten Stängeln grob schneiden. Die Suppe in tiefen Schüsseln anrichten, mit Koriander bestreuen und sofort servieren.

Für 4 Personen • 40 Min. Zubereitung • Pro Portion ca. 125 kcal, 18 g E, 2 g F, 9 g KH

TOM YAM GUNG

THAI MIT GARNELEN

2 Stängel Zitronengras
1 Stück Galgant (ca. 4 cm lang, Asia-Laden; ersatzweise Ingwer)
5 Kaffir-Limettenblätter (Asia-Laden)
2 kleine rote Chilischoten
100 g Asia-Pilze (z. B. Shiitake, Enoki)
300 g Garnelen (küchenfertig)
1,2 l Hühnerbrühe
2 Limetten
4 EL Fischsauce
1 TL Rohrzucker

1 Vom Zitronengras die trockenen Anteile und den Strunkansatz entfernen. Die Stängel mit dem Rücken eines großen Messers aufschlagen, dass sie platzen. In Stücke von 4 cm Länge schneiden. Galgant waschen und mit der Schale in dünne Scheiben schneiden.

2 Limettenblätter in Hälften zupfen. Chilis waschen, putzen und mit Kernen und Trennwänden in dünne Ringe schneiden. Pilze putzen, bei Bedarf mit einem Tuch abreiben und klein schneiden. Garnelen je nach Größe im Ganzen lassen oder am Rücken längs teilen.

3 Hühnerbrühe erhitzen. Zitronengras, Galgant, Limettenblätter und Chiliringe einlegen. Bei mittlerer Hitze ca. 15 Min. ziehen lassen. Dann Pilze und Garnelen hinzufügen und weitere 5 Min. ziehen lassen. Limetten halbieren, Saft auspressen. Vor dem Servieren Zitronengras, Galgant und Limettenblätter entnehmen und die Suppe mit Fischsauce, Rohrzucker und Limettensaft abschmecken.

Für 4 Personen • 30 Min. Zubereitung • Pro Portion ca. 310 kcal, 22 g E, 21 g F, 6 g KH

TOM KHA GAI

THAI MIT HUHN

300 g Hähnchenbrustfilet
1 Stück Galgant (4 cm lang, Asia-Laden; ersatzweise Ingwer)
6 Kaffir-Limettenblätter (Asia-Laden)
4 Stängel Zitronengras
80 g kleine Champignons
4 Stängel Koriandergrün
500 ml Hühnerbrühe
400 g Kokosmilch
2 Limetten
4 EL Fischsauce

1 Hähnchenbrustfleisch zunächst in Streifen und dann in mundgerechte Stücke schneiden. Galgant waschen und mitsamt der Schale in dünne Scheiben schneiden. Die Limettenblätter in Hälften rupfen. Vom Zitronengras die trockenen Anteile und den Strunkansatz entfernen. Die Stängel mit der flachen Seite eines großen Messers andrücken und schräg in 4 cm lange Stücke schneiden. Pilze putzen, bei Bedarf mit einem Tuch abreiben und vierteln. Das Koriandergrün abbrausen, trocken schütteln. Blätter und Stängel fein schneiden.

2 Die Brühe aufkochen. Kokosmilch einrühren, Galgant, Limettenblätter und Zitronengras hinzufügen und alles bei mittlerer Hitze für 2–3 Min. köcheln lassen. Huhn und Pilze hinzufügen und 5 Min. mit garen. Limetten halbieren, Saft auspressen. Am Ende der Garzeit Zitronengras, Galgant und Limettenblätter entnehmen und die Suppe mit Fischsauce und Limettensaft abschmecken. Noch etwas ziehen lassen. Dann in Schalen verteilen und mit Koriander garnieren.

Für 4 Personen • 50 Min. Zubereitung • Pro Portion ca. 345 kcal, 49 g E, 9 g F, 6 g KH

FISCHSUPPE À LA BOUILLABAISSE

AUS FRANKREICH

600 g gemischte Fischfilets (z. B. Kabeljau, Dorade, Rotbarsch)
1 Bio-Zitrone
12 Garnelen (küchenfertig)
Salz, Pfeffer
3 EL Olivenöl
1 Stange Lauch
1 Fenchel
200 g Kirschtomaten
1 l Fischfond
200 ml trockener Weißwein
1 Msp. Safranfäden

MEHR DARAUS MACHEN

Mit einer Rouille schmeckt die Bouillabaisse noch besser. Hierzu 1 Eigelb mit 1 gehackten Knoblauchzehe verquirlen, Salz, Pfeffer, 1 TL Essig sowie 1 TL Tomatenmark dazugeben und dann ganz langsam 100 ml Öl darunter schlagen.

1 Die Fischfilets unter kaltem Wasser abspülen und trocken tupfen. Mit einer Pinzette eventuell vorhandene Gräten entfernen. Die Filets in mundgerechte Stücke zerteilen.

2 Zitrone heiß waschen, abtrocknen und die Schale mit einem Zestenreißer ablösen. Die Zitrone halbieren und den Saft auspressen. In einer Schüssel die Fischwürfel mit den Garnelen, der Hälfte des Zitronensafts, Salz, Pfeffer und 1 EL Öl gut vermischen. Den Backofen auf 200° vorheizen.

3 Den Lauch der Länge nach aufschneiden, waschen, putzen und in Ringe schneiden. Fenchel putzen, waschen und halbieren. Die Fenchelhälften vom Strunk befreien und in Streifen schneiden. Die Tomaten waschen, halbieren.

4 In einem Topf das restliche Öl (2 EL) erhitzen und das Gemüse bei mittlerer Temperatur in ca. 4 Min. andünsten. Fischfond und Wein angießen, Safran dazugeben und alles zugedeckt bei milder Hitze ungefähr 15 Min. köcheln lassen.

5 Eine feuerfeste, flache Form mit Backpapier auslegen und darin die Fischstücke und Garnelen im vorgeheizten Backofen auf der mittleren Einschubleiste ca. 10 Min. backen. Auf vorgewärmte Teller verteilen. Zitronenzesten hacken, in die Suppe rühren und diese mit Salz, Pfeffer und Zitronensaft pikant abschmecken. Auf die Fischeinlage geben und servieren.

Für 4 Personen • 30 Min. Zubereitung • 1 Std. Kühlen • 20 Min. Garen •
Pro Portion ca. 500 kcal, 31 g E, 23 g F, 38 g KH

LEBERKNÖDELSUPPE

SCHWÄBISCH-BAYERISCH

3 Brötchen vom Vortag
125 ml Milch
300 g Rinderleber (küchenfertig)
½ Bund Basilikum
1 kleine Zwiebel
3 EL zimmerwarme Butter
2 Eier
1 EL Semmelbrösel
Salz, Pfeffer
frisch geriebene Muskatnuss
1,5 l Fleischbrühe
½ Bund Schnittlauch

MEHR DARAUS MACHEN
Für eine überaus feine Variante ersetzen Sie die Rinder- durch Geflügelleber und nehmen Thymian statt Basilikum. Plus ein Schuss Noilly Prat.

1 Brötchen in eine Schüssel geben. Die Milch aufkochen und darüber gießen. Nach einigen Minuten die Brötchen gut ausdrücken und grob zerzupfen. Die geputzte und von Sehnen befreite Leber unter kaltem Wasser abspülen, trocken tupfen und grob in Streifen schneiden. Die Leberstreifen in einen hohen Rührbecher geben und mit dem Pürierstab pürieren.

2 Das Basilikum abbrausen, trocken schütteln. Die Blättchen von den Stängeln zupfen und klein schneiden. Zwiebel schälen und fein würfeln. In einer Pfanne 1 EL Butter zerlassen und darin die Zwiebelwürfel bei mittlerer Hitze in 3–4 Min. andünsten. Das klein geschnittene Basilikum für 1 Min. dazugeben.

3 In einer Schüssel die restliche Butter (2 EL) mit den Rührbesen des Handrührgeräts aufschlagen. Pürierte Leber, Brötchen, Pfanneninhalt, Eier und Semmelbrösel hinzufügen und alles gut mischen. Mit Salz, Pfeffer, Muskat würzen, dann für 1 Std. in den Kühlschrank stellen, damit die Masse fester wird.

4 In einem Topf die Fleischbrühe aufkochen. Einen kleinen Löffel der Leberfarce abstechen und hineingleiten lassen. Nach 5 Min. kosten und die Farce bei Bedarf nachwürzen. Mit feuchten Händen 12 kleine Knödel formen und in der nicht mehr sprudelnden Brühe in ca. 20 Min. garen.

5 Den Schnittlauch abbrausen, trocken schütteln und in feine Röllchen schneiden. Leberknödelsuppe in Teller portionieren und mit dem Schnittlauch bestreut servieren.

KALTE SUPPEN

Für 4 Personen • 15 Min. Zubereitung • 1 Std. Kühlen • Pro Portion ca. 355 kcal, 12 g E, 30 g F, 10 g KH

WASSERMELONEN-TOMATEN-SUPPE

FRUCHTIG

500 g Wassermelone
500 g Tomaten
1 Bund Basilikum
70 ml Olivenöl
2 EL Weißweinessig
Salz, Pfeffer
Cayennepfeffer
125 g Mozzarella
8 Cocktailtomaten
2 EL Pinienkerne
40 g Parmesan

1 Wassermelone schälen, entkernen und das Fruchtfleisch in grobe Stücke schneiden. Tomaten waschen, halbieren, vom Stielansatz befreien und grob würfeln. Basilikum abbrausen, trocken schütteln. Ein paar Blätter beiseitelegen.

2 Melonen- und Tomatenstücke mit 50 ml Olivenöl, übrigem Basilikum und Essig in einen Topf geben und fein pürieren. Nach Belieben durch ein Sieb streichen. Mit Salz, Pfeffer und Cayennepfeffer abschmecken. Die Suppe kühl stellen.

3 Mozzarella würfeln. Cocktailtomaten waschen, halbieren. Pinienkerne in einer Pfanne ohne Fett bei mittlerer Hitze in 1–2 Min. anrösten. Das beiseitegelegte Basilikum fein schneiden. Alle Zutaten in eine kleine Schüssel geben, mit restlichem Olivenöl (20 ml), Salz und Pfeffer bedecken. Kurz stehen lassen.

4 Parmesan in grobe Späne hobeln. Die kalte Suppe in Tellern oder Schalen anrichten, Einlage aus der Marinade in die Suppe geben und etwas Parmesan darüberstreuen.

Für 4 Personen • 20 Min. Zubereitung • 1 Std. Kühlen • Pro Portion ca. 130 kcal, 5 g E, 6 g F, 14 g KH

GAZPACHO

AUS SPANIEN

2 Paprika (z. B. gelb und rot)
1 Salatgurke
6 mittelgroße, reife Tomaten
1 mittelgroße Zwiebel
2 Knoblauchzehen
500 g passierte Tomaten
2 EL Olivenöl
2 EL Weißweinessig
Salz, Pfeffer
Tabasco
3 Stängel Petersilie
geröstete Weißbrotwürfel (nach Belieben)

1 Paprika waschen, halbieren, Stielansatz, weiße Trennwände und Kerne entfernen. Gurke schälen, längs halbieren und die Kerne mit einem Löffel ausschaben. Tomaten waschen, halbieren und vom Stielansatz befreien. Zwiebel schälen. Von dem vorbereiteten Gemüse jeweils ¼ fein würfeln und kühl stellen. Den Knoblauch schälen.

2 Das übrige Gemüse mit den Knoblauchzehen, passierten Tomaten und dem Olivenöl in einen großen Topf geben und mit dem Pürierstab cremig-fein pürieren. Mit Essig, Salz, Pfeffer und 1 Spritzer Tabasco abschmecken. Für mindestens 1 Std. kühl stellen.

3 Kurz vor dem Servieren Petersilie waschen, trocken schütteln. Die Blättchen von den Stängeln zupfen und fein schneiden. Die kalte Suppe in tiefe Teller füllen, die Gemüsewürfel darüber verteilen. Mit der Petersilie und nach Belieben mit gerösteten Weißbrotwürfeln bestreut servieren – so hat die Suppe noch etwas mehr Biss!

Für 4 Personen • 15 Min. Zubereitung • 2 Std. Kühlen • Pro Portion ca. 165 kcal, 8 g E, 9 g F, 11 g KH

GURKEN-KALTSCHALE

SOMMER-REZEPT

2 Salatgurken
4 Frühlingszwiebeln
1 Zitrone
3 Stängel Dill
500 g Buttermilch
100 g saure Sahne
Salz, Pfeffer
2 Radieschen
3 EL Kürbiskerne

1 Die Gurken schälen, längs halbieren und mit einem scharfen Löffel die Kerne ausschaben. Frühlingszwiebeln putzen, waschen. Das Weiße sowie das helle Grün in feine Ringe schneiden. Die Zitrone halbieren und den Saft auspressen. Dill abbrausen, trocken schütteln. Die Dillspitzen von den Stängeln zupfen und fein schneiden.

2 Das vorbereitete Gemüse mit Buttermilch und saurer Sahne in einen hohen Rührbecher geben und mit dem Pürierstab cremig-fein pürieren. Mit Salz, Pfeffer und Zitronensaft abschmecken, den Dill unterrühren. Die Suppe für mindestens 2 Std. kühl stellen.

3 Radieschen putzen, waschen und in feine Scheibchen schneiden. Kürbiskerne in einer Pfanne ohne Fett bei mittlerer Hitze in 1–2 Min. leicht anrösten. Die Suppe in Schalen portionieren und mit Radieschenscheiben und gerösteten Kürbiskernen garniert servieren.

Für 4 Personen • 15 Min. Zubereitung • 2 Std. Kühlen • Pro Portion ca. 350 kcal, 27 g E, 24 g F, 5 g KH

AVOCADOSUPPE MIT GARNELENSPIESS

ERFRISCHEND

2 Bio-Limetten
2 reife Avocados
1 kleine Chilischote
1 Schalotte
150 ml Apfelsaft
600 ml kalte Gemüsebrühe
Salz, Pfeffer
Cayennepfeffer
1 EL Öl
16 Garnelen (küchenfertig)
4 TL Schmand

AUSSERDEM
4 Schaschlikspieße

1 Limetten heiß waschen, abtrocknen. Von einer Limette mit dem Zestenreißer die Schale ablösen und fein hacken. Dann beide Limetten halbieren und den Saft auspressen.

2 Die Avocados der Länge nach halbieren, entkernen, das Fruchtfleisch mit einem Löffel aus der Schale heben und in Stücke schneiden. Chilischote waschen, halbieren, Stielansatz, weiße Trennwände und Kerne entfernen. Die Chilihälften fein hacken. Schalotte schälen und ebenfalls fein hacken.

3 Apfelsaft und Gemüsebrühe in einen großen Topf füllen und vermischen. Limettenschale, die Hälfte des Limettensaftes, Avocados, Chili und Schalotte hinzugeben und alles mit dem Pürierstab cremig-fein pürieren. Die Suppe mit Salz, Pfeffer, Cayennepfeffer und dem übrigen Limettensaft abschmecken. Dann für mindestens 2 Std. in den Kühlschrank stellen.

4 Vor dem Servieren das Öl in einer Pfanne erhitzen. Garnelen darin bei mittlerer Hitze von beiden Seiten je 3 Min. anbraten. Jeweils 4 Stück auf einen Schaschlikspieß stecken. Die Suppe in Schalen füllen, je 1 TL Schmand zugeben und mit einem kleinen Löffel in Schlieren ziehen. Die Garnelenspieße auflegen, frisch aus der Mühle pfeffern.

Für 4 Personen • 60 Min. Zubereitung • 1 Std. Kühlen • Pro Portion ca. 335 kcal, 8 g E, 14 g F, 46 g KH

KÜRBIS-KARTOFFEL-SUPPE MIT ZITRONENMELISSE

SATTMACHER

1 großes Bund Koriandergrün (ca. 50 g)
4 Stängel Zitronengras
4 Frühlingszwiebeln
Salz
1 kg Hokkaido-Kürbis
3 vorwiegend festkochende Kartoffeln
1 Stange Lauch
1 EL Butter
200 g Kokosmilch (ersatzweise Sahne)
1 Limette
1 kleines Bund Zitronenmelisse (ca. 10 g)
Pfeffer

1 Koriander abbrausen, trocken schütteln und grob schneiden. Vom Zitronengras die trockenen Anteile und den Strunkansatz entfernen. Die Stängel mit dem Rücken eines großen Messers aufschlagen und in 3–4 cm lange Stücke schneiden. Frühlingszwiebeln putzen, waschen. Das Weiße sowie das helle Grün in feine Ringe schneiden.

2 Die vorbereiteten Zutaten mit etwas Salz und 1 l Wasser in einem Topf aufkochen und in ca. 30 Min. bei mittlerer Hitze und aufgelegtem Deckel eine Brühe kochen. Inzwischen den Kürbis waschen, entkernen. Die Kartoffeln schälen und mit dem Kürbis in kleine Stücke schneiden. Den Lauch der Länge nach aufschneiden, waschen, putzen und in Ringe schneiden.

3 Brühe durch ein Sieb in ein anderes Behältnis gießen. Im Topf die Butter zerlassen und den Lauch darin bei mittlerer Hitze ca. 4 Min. dünsten. Kürbis und Kartoffeln zugeben, kurz anbraten. Mit Kokosmilch und Brühe aufgießen. Das Gemüse zugedeckt bei mittlerer Hitze in ca. 15 Min. weich kochen.

4 Limette halbieren, den Saft auspressen. Zitronenmelisse abbrausen, trocken schütteln. Die Blättchen von den Zweigen zupfen und fein schneiden. Am Ende der Garzeit die Suppe mit dem Pürierstab cremig fein pürieren. Mit Limettensaft, Salz und Pfeffer abschmecken. Die Hälfte der Zitronenmelisse unterrühren. Die Suppe ca. 1 Std. in den Kühlschrank stellen. Zum Servieren mit der restlichen Zitronenmelisse bestreuen.

EINTÖPFE

Für 4 Personen • 40 Min. Zubereitung • Pro Portion ca. 345 kcal, 17 g E, 33 g F, 41 g KH

SÜSSKARTOFFELEINTOPF MIT SALSICCIA

SATTMACHER

750 g Süßkartoffeln
300 g Zucchini
2 Schalotten
2 Knoblauchzehen
350 g Salsiccia
½ TL Fenchelsamen
2 EL Öl
1 TL gelbe Currypaste
Salz, Pfeffer
150 ml passierte Tomaten
125 ml Gemüsebrühe

GUT ZU WISSEN
Salsiccia bekommt man in den unterschiedlichsten Würzungen, meist aber schon recht kräftig. Entscheidet man sich für Fenchelsalsiccia, kann man sich den zugefügten Fenchelsamen sparen.

1 Süßkartoffeln schälen und in mundgerechte Stücke von ca. 2 cm Kantenlänge schneiden. Die Zucchini waschen, putzen und ebenfalls in etwa gleich große Stücke schneiden. Die Schalotten und den Knoblauch schälen und fein würfeln.

2 Salsicce der Länge nach aufritzen und die Haut entfernen. Die Würste in walnussgroße Stücke schneiden. Fenchelsamen mörsern oder in der Gewürzmühle mahlen – für das volle Aroma bitte unbedingt frisch gemahlenen Fenchel verwenden.

3 Das Öl in einem Topf erhitzen. Die Wurststücke darin bei mittlerer Hitze in ca. 2 Min. leicht anbraten. Die gewürfelten Schalotten dazugeben, nach 1 Min. auch den Knoblauch. Die Currypaste einrühren. Süßkartoffel- und Zucchinistücke hinzufügen, mit Salz und Pfeffer würzen und ca. 2 Min. mitdünsten.

4 Zuletzt die passierten Tomaten sowie die Gemüsebrühe angießen, umrühren. Dann ca. 15 Min. bei mittlerer Hitze zugedeckt garen, bis die Süßkartoffeln gerade noch bissfest sind.

Für 4 Personen • 30 Min. Zubereitung • Pro Portion ca. 530 kcal, 26 g E, 24 g F, 52 g KH

LINSENTOPF

AUS INDIEN

200 ml Gemüsebrühe
2 mittelgroße Zwiebeln
2 Knoblauchzehen
1 Stück Ingwer (ca. 2 cm lang)
300 g rote Linsen
1 EL Öl
2 EL Tomatenmark
1 TL Garam Masala (indische Gewürzmischung)
1 Dose stückige Tomaten (400 g)
400 g Kokosmilch
Salz, Pfeffer

1 Gemüsebrühe erhitzen. Zwiebeln und Knoblauch schälen, klein hacken. Ingwer schälen, fein würfeln. Die Linsen in einem Sieb kalt abspülen, bis das Wasser klar abläuft. Gut abtropfen lassen.

2 In einem Topf das Öl erhitzen. Die Zwiebeln darin bei mittlerer Hitze ca. 3 Min. dünsten. Knoblauch und Ingwer für 1 Min. zugeben, dann Linsen, Tomatenmark und Garam Masala unterrühren. Mit Tomaten, Kokosmilch und heißer Gemüsebrühe aufgießen.

3 Den Linsentopf bei mittlerer Hitze unter gelegentlichem Rühren zum Köcheln bringen, dann bei geringer Hitze und mit aufgelegtem Deckel 12–15 Min. weitergaren, bis die Linsen weich sind. Mit Garam Masala, Salz und Pfeffer pikant abschmecken.

Für 4 Personen • 20 Min. Zubereitung • 35 Min. Garen • Pro Portion ca. 250 kcal, 12 g E, 6 g F, 35 g KH

KICHERERBSEN-EINTOPF

ORIENTALISCH

2 rote Zwiebeln
3 Paprika (z. B. 2 rote, 1 gelbe)
150 g Zucchini
1 EL Öl
2 TL Ras el Hanout (nordafrikanische Gewürzmischung)
1 TL Cayennepfeffer
600 g passierte Tomaten
Salz, Pfeffer
2 Glas Kichererbsen (à 350 g)
1 Bio-Limette
4 Stängel Petersilie

1 Zwiebeln schälen. Paprika waschen, halbieren, Stielansatz, weiße Trennwände und Kerne entfernen. Zucchini waschen, putzen. Alles fein würfeln. In einem Topf das Öl erhitzen. Zwiebeln darin bei mittlerer Hitze ca. 3 Min. dünsten, Gewürze kurz mit anrösten. Mit 250 ml Wasser aufgießen und alles 5 Min. bei geringer Hitze ziehen lassen. Tomaten unterrühren. Mit Salz und Pfeffer würzen.

2 Kichererbsen kalt abspülen und mit der Hälfte der Paprika- und Zucchiniwürfel in den Topf geben. Alles gut vermischen und zugedeckt bei niedriger Hitze ca. 30 Min. garen. In den letzten 5 Min. übrige Paprika- und Zucchiniwürfel hinzufügen. Bei Bedarf nachwürzen.

3 Limette heiß waschen, abtrocknen und vierteln. Petersilie kurz abbrausen, trocken schütteln. Blätter abzupfen und fein hacken. Die Suppe mit Petersilie und einem Limettenschnitz garniert servieren.

RIBOLLITA TOSCANA

MEDITERRANES WINTER-REZEPT

Für 4 Personen • 8 Std. Einweichen • 50 Min. Zubereitung • 30 Min. Ziehen • Pro Portion ca. 810 kcal, 45 g E, 17 g F, 118 g KH

400 g weiße Bohnen
6 Salbeiblätter
4 Knoblauchzehen
2 Stangen Staudensellerie
1 große Möhre
800 g Wirsing
1 kleines Bund glatte Petersilie
50 ml Olivenöl
250 g passierte Tomaten
Salz, Pfeffer
500 g Weißbrot

1 Die Bohnen über Nacht in kaltem Wasser einweichen. Am nächsten Tag durch ein Sieb abgießen. Die Salbeiblätter klein schneiden, den Knoblauch schälen und fein hacken. Bohnen mit Salbei, Knoblauch und 1 l Wasser in einem Topf aufkochen und zugedeckt bei mittlerer Hitze in 30 Min. weich garen. Die Hälfte der Bohnen herausnehmen und beiseitestellen, den Rest durch ein Sieb streichen (Bild 1). Das Kochwasser auffangen und das Bohnenpüree damit sämig verdünnen.

2 Backofen auf 200° vorheizen. Staudensellerie und Möhre putzen und waschen. Beides in nicht zu dicke Scheibchen schneiden. Wirsing halbieren, den Strunk entfernen (Bild 2). Die Blätter in Streifen schneiden, waschen und trocken schleudern. Petersilie abbrausen, trocken schütteln. Die Blättchen von den Stängeln zupfen und fein schneiden.

3 In einem Topf 1 EL Olivenöl erhitzen. Sellerie und Möhren darin bei mittlerer Hitze 4 Min. andünsten. Das Bohnenpüree mit übrigen Bohnen, Wirsingstreifen, Petersilie und passierten Tomaten zugeben (Bild 3). Mit Salz und Pfeffer abschmecken.

4 Ein Backblech mit Backpapier auslegen. Das Weißbrot in dicke Scheiben schneiden, auf das Backpapier geben und im vorgeheizten Ofen auf der mittleren Einschubleiste 5–7 Min. rösten (Bild 4). Den Backofen ausschalten und die Tür mit einem eingeklemmten Holz-Kochlöffel etwas offen halten.

5 Eine Suppenterrine mit Brotscheiben auslegen und Suppe darüber geben (Bild 5). Dies so oft wiederholen, bis alles verbraucht ist. Die Ribollita in den noch warmen, aber nicht mehr heißen Backofen stellen und eine halbe Stunde durchziehen lassen, bis das Brot sehr weich ist. Die Suppe in Tellern anrichten und vor dem Servieren noch einen kräftigen Schuss Olivenöl zugeben (Bild 6) – das macht den Eintopf saftiger.

GU
CLOU

Machen Sie von der Ribollita gleich eine ordentlich große Portion – was am nächsten Tag nochmal aufgewärmt wird, schmeckt dann deutlich intensiver, weil sich die Aromen in dieser Zeit noch stärker verbunden haben.

Für 4 Personen • 20 Min. Zubereitung • 1 Std. Garen • Pro Portion ca. 805 kcal, 68 g E, 54 g F, 9 g KH

SPANISCHER HÄHNCHENTOPF

EDEL-RUSTIKAL

1 Hähnchen (ca. 1,5 kg)
200 g Chorizo
2 mittelgroße Zwiebeln
3 Knoblauchzehen
1 EL Öl
1 Dose geschälte Tomaten (400 g)
400 ml Hühnerbrühe
6 Sardellenfilets
8 getrocknete Tomaten (in Öl)
1 Msp. Safran
100 g schwarze Oliven (entsteint)
Salz, Pfeffer

MEHR DARAUS MACHEN
Das Grundrezept lässt sich geschmacklich noch verfeinern, etwa durch die Zugabe von eingelegter gegrillter Paprika oder einem Kräuterstrauß aus Rosmarin, Thymian und Lorbeer.

1 Das Hähnchen in acht Teile (je zwei Schenkel, Flügel, halbierte Brüste) zerlegen. Chorizo in Scheiben von ca. 1 cm Dicke schneiden. Zwiebeln und Knoblauch schälen und hacken.

2 In einem Topf das Öl erhitzen. Die Hähnchenstücke darin bei großer Hitze unter mehrmaligem Wenden etwa 5 Min. anbraten, sodass die Haut schön braun ist. Chorizo und Zwiebeln ca. 3–4 Min. mitbraten, bis die Zwiebeln glasig sind und aus der Chorizo das Fett sichtbar glänzend austritt.

3 Nun die geschälten Tomaten hinzufügen und alles bei mittlerer Hitze in ca. 15 Min. etwas einkochen. Die Brühe angießen und den Eintopf bei halb aufgelegtem Deckel und mittlerer Hitze ungefähr 1 Std. leicht köcheln lassen.

4 Inzwischen die Sardellen und die getrockneten Tomaten hacken. Nach 15 Min. mit dem Safran zum Eintopf geben und unterrühren, nach weiteren 15 Min. die Oliven zufügen. Den Deckel ganz auflegen und die Hitze deutlich reduzieren.

5 Den Eintopf am Ende der Garzeit mit Salz und Pfeffer abschmecken und mit Reis oder einfach nur mit gutem Weißbrot und einem grünen Salat servieren.

Für 4 Personen • 30 Min. Zubereitung • 2 Std. Garen • Pro Portion ca. 600 kcal, 41 g E, 26 g F, 49 g KH

GAISBURGER MARSCH

ECHT SCHWÄBISCH

600 g Rindfleisch (z. B. Beinscheiben, Hohe Rippe)
Salz
10 Pfefferkörner
3 Möhren
300 g Sellerie
1 Stange Lauch
500 g Kartoffeln (vorwiegend festkochend)
50 g Butter
2 mittelgroße Zwiebeln
3 Stängel Petersilie
400 g fertige Spätzle (Kühltheke)

GUT ZU WISSEN
Brühe und Fleisch kann man weit im Voraus machen und in getrennten Behältnissen tiefkühlen. Das Fleisch wird durch das Tiefkühlen noch zarter.

1 Das Fleisch in einen großen Topf geben, mit kaltem Wasser bedecken und aufkochen. Entstehenden Schaum mit der Schaumkelle abheben. Dann die Hitze reduzieren und erneut abschäumen. Mit Salz abschmecken und die Pfefferkörner einlegen. Alles bei geringer Hitze ca. 2 Std. köcheln lassen.

2 Möhren und Sellerie putzen, schälen und grob würfeln. Den Lauch der Länge nach aufschneiden, waschen, putzen und in dünne Ringe schneiden. Nach ca. 1,5 Std. Garzeit das Gemüse in die Brühe geben. Das Fleisch sollte zu diesem Zeitpunkt bereits schön weich sein. Kartoffeln schälen, in ca. 1 cm große Würfel schneiden und während der letzten 15 Min. mit garen.

3 In einem kleinen Topf die Butter zerlassen. Die Zwiebeln schälen und fein würfeln. Im heißen Fett bei geringer Hitze in ca. 3 Min. goldbraun anbraten. Petersilie abbrausen, trocken schütteln und mitsamt den Stängeln grob hacken.

4 5 Min. vor Ende der Garzeit die Spätzle zur Brühe hinzufügen und mit garen. Nochmals mit Salz abschmecken. Zum Schluss das Fleisch aus der Brühe nehmen und in Stücke schneiden. Zusammen mit Kartoffeln und Spätzle in Suppentellern oder -schalen anrichten und mit Brühe übergießen. Mit gedünsteten Zwiebeln und Petersilie garniert servieren.

REGISTER

Vegetarische Rezepte, die im Buch mit einem 🌢 gekennzeichnet sind, sind hier grün abgesetzt.

Abkürzungsverzeichnis:
E = Eiweiß
EL = Esslöffel (gestrichen)
F = Fett
kcal = Kilokalorien
KH = Kohlenhydrate
Msp. = Messerspitze
Pck. = Päckchen
TK = Tiefkühl
TL = Teelöffel (gestrichen)
Ø = Durchmesser

Projektleitung: Sabine Sälzer
Lektorat: Dr. Stefanie Gronau
Korrektorat: Ulrike Wagner
Gesamtgestaltung: independent Medien-Design, München: Horst Moser (Artdirection), Lucie Heselich, Svenja Wamser
Herstellung: Renate Hutt
Satz: Kösel, Krugzell
Reproduktion: medienprinzen GmbH, München
Druck und Bindung: Firmengruppe APPI, aprinta druck, Wemding
Syndication: www.seasons.agency
Printed in Germany

2. Auflage 2021
ISBN 978-3-8338-7076-7

www.facebook.com/gu.verlag

GRÄFE UND UNZER
Ein Unternehmen der
GANSKE VERLAGSGRUPPE

DER AUTOR

Matthias F. Mangold, Foodjournalist und FEC-Mitglied, betreibt seit Jahren seine erfolgreiche Kochschule »genusstur«, veranstaltet Weinseminare und sitzt in der Jury der ZDF-Kochshow »Stadt, Land, lecker«. Er veröffentlichte bereits zahlreiche Kochbücher. Matthias F. Mangold liebt es, in der Küche zu experimentieren und probiert gerne neue Techniken und Geschmacksrichtungen aus.

DER FOTOGRAF

Mathias Neubauer ist Foodfotograf und Grafik-Designer, er arbeitet für internationale Buchverlage und Magazine wie den FEINSCHMECKER. In seinem Studio in Seligenstadt hat er die Suppen und Eintöpfe stimmungsvoll in Szene gesetzt. Unterstützt wurde er dabei von **Andreas Neubauer** (Foodstyling).

BILDNACHWEIS

Mathias Neubauer: S. 06-59 und Stepfotos auf den Klappen
AUEN60 Photography (Julia Schärdel & Ines Häberlein): S. 01, 05 und Stillleben auf den Klappen
Autorenfoto: privat
Coverfoto: Silvio Knezevic

Umwelthinweis:
Dieses Buch ist auf PEFC-zertifiziertem Papier aus nachhaltiger Waldwirtschaft gedruckt.

QUALITÄTS G|U GARANTIE

LIEBE LESERINNEN UND LESER,

wir wollen Ihnen mit diesem Buch Informationen und Anregungen geben, um Ihnen das Leben zu erleichtern oder Sie zu inspirieren, Neues auszuprobieren. Wir achten bei der Erstellung unserer Bücher auf Aktualität und stellen höchste Ansprüche an Inhalt und Gestaltung. Alle Anleitungen und Rezepte werden von unseren Autoren, jeweils Experten auf ihren Gebieten, gewissenhaft erstellt und von unseren Redakteur*innen mit größter Sorgfalt ausgewählt und geprüft.

Haben wir Ihre Erwartungen erfüllt? Sind Sie mit diesem Buch und seinen Inhalten zufrieden? Wir freuen uns auf Ihre Rückmeldung. Und wir freuen uns, wenn Sie diesen Titel weiterempfehlen, in Ihrem Freundeskreis oder bei Ihrem Online-Kauf.

Sollten wir Ihre Erwartungen so gar nicht erfüllt haben, tauschen wir Ihnen Ihr Buch jederzeit gegen ein gleichwertiges zum gleichen oder ähnlichen Thema um.

KONTAKT ZUM LESERSERVICE

GRÄFE UND UNZER VERLAG
Grillparzerstraße 12
81675 München
www.gu.de

APPETIT AUF MEHR?

ISBN 978-3-8338-6853-5

ISBN 978-3-8338-6623-4

ISBN 978-3-8338-7075-0

ISBN 978-3-8338-6619-7

ISBN 978-3-8338-6467-4

ISBN 978-3-8338-7138-2

Alle hier vorgestellten Bücher sind auch als eBook erhältlich.

GU

DIE »GU KOCHEN PLUS«-APP

1 APP HERUNTERLADEN

Laden Sie die kostenlose »GU Kochen Plus«-App im Apple App Store oder im Google Play Store auf Ihr Smartphone. Starten Sie die App und wählen Sie Ihren Küchenratgeber aus.

2 REZEPTBILD SCANNEN

Scannen Sie das gewünschte Rezeptbild mit der Kamera Ihres Smartphones. Klicken Sie im Display die Funktion Ihrer Wahl.

3 FUNKTIONEN NUTZEN

Sammeln Sie Ihre Lieblingsrezepte. Speichern und verschicken Sie Ihre Einkaufslisten. Oder nutzen Sie den praktischen Supermarkt-Finder und den Rezept-Planer.